HEBREW

ENGLISH

dictionary

תפוח עץ

apple

ת·ו·ת

strawberry

כֶּלֶב

dog

חתול

cat

בַּיִת

house

מפתחות

keys

עגבנייה

tomato

גזר

carrot

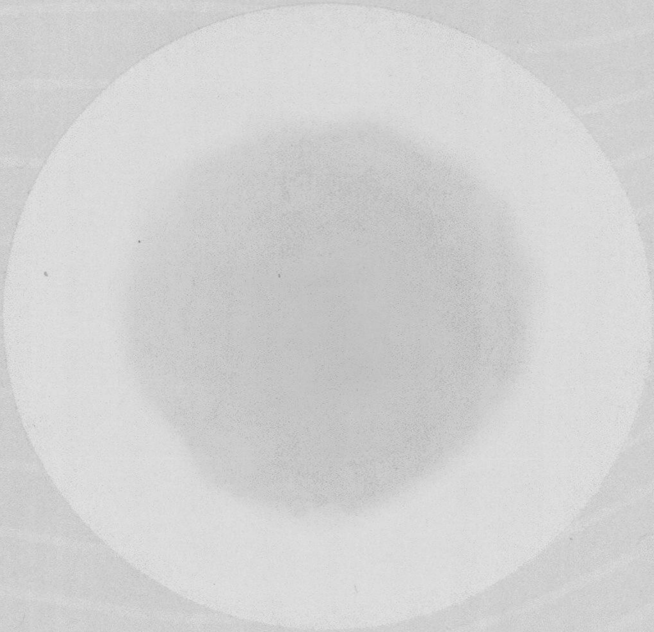

שמש

sun

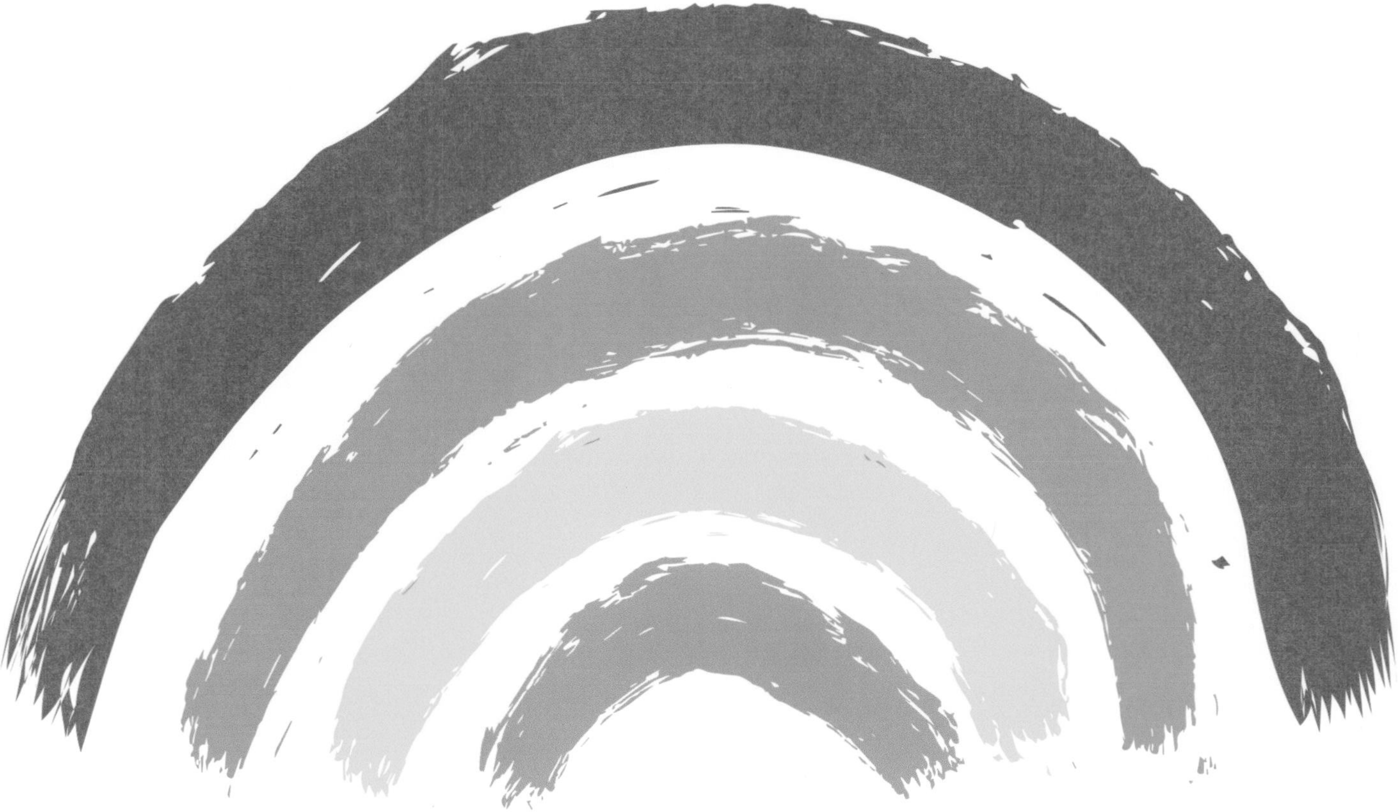

קשת בענן

rainbow

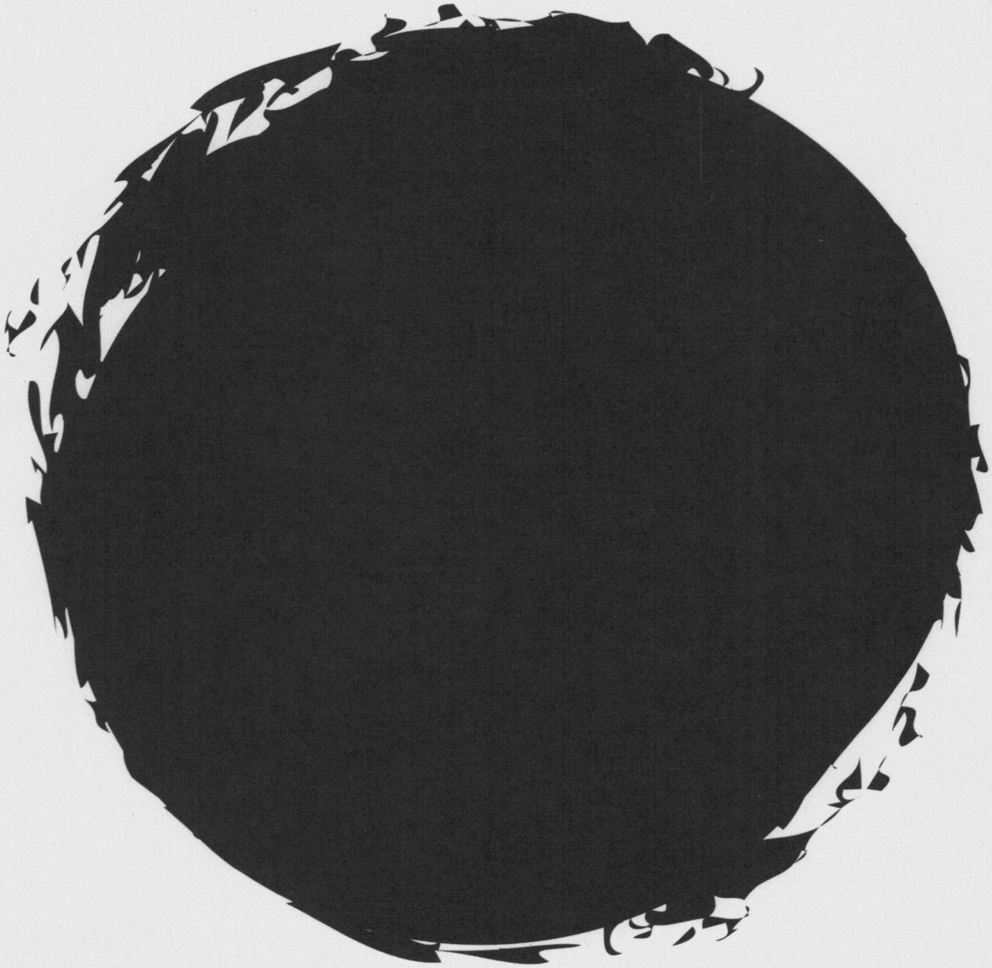

מעגל

circle

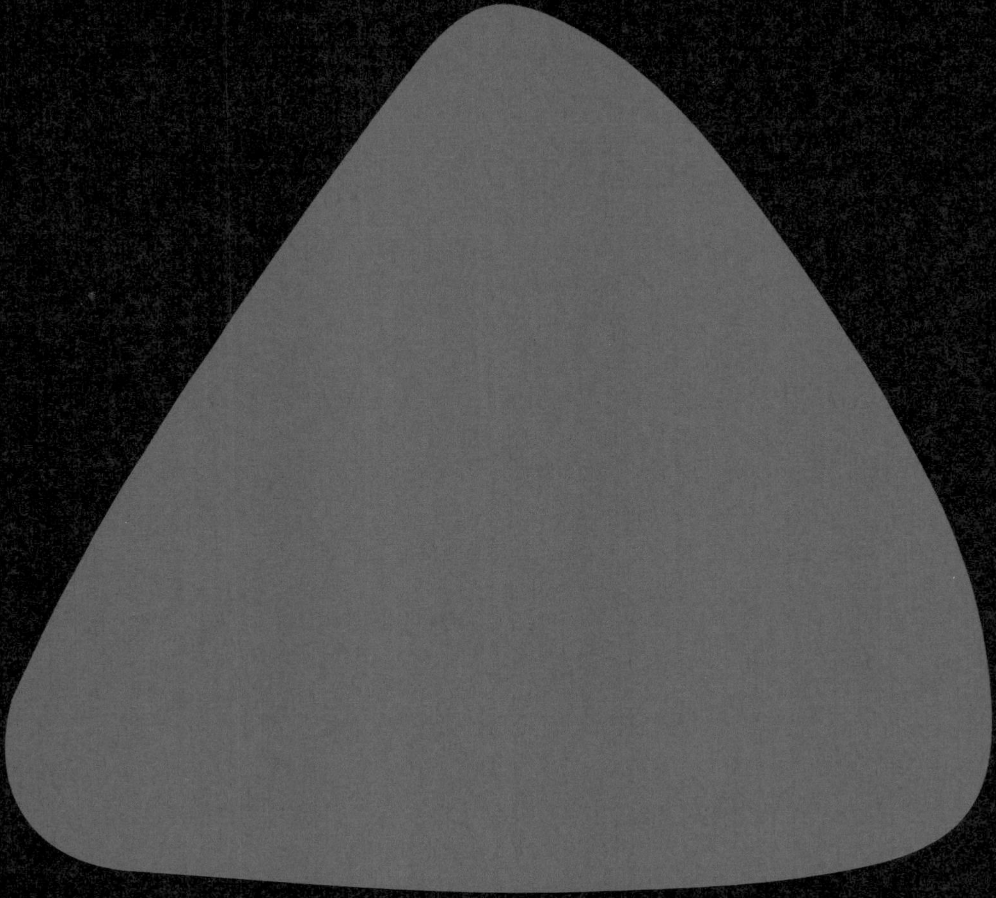

משולש

triangle

צמח
plant

שולחן
table

פרח

flower

שַׁבְּלוּל

snail

אוטו

car

רכבת

train

ספל

cup

כף

spoon

גלידה

ice cream

ביסקוויטים

biscuits

גרביים

socks

חולצה קצרה

t-shirt

שֶׁלֶג

snow

מְטְרִיָּה
umbrella

עֵץ
tree

פַּרְפַּר
butterfly

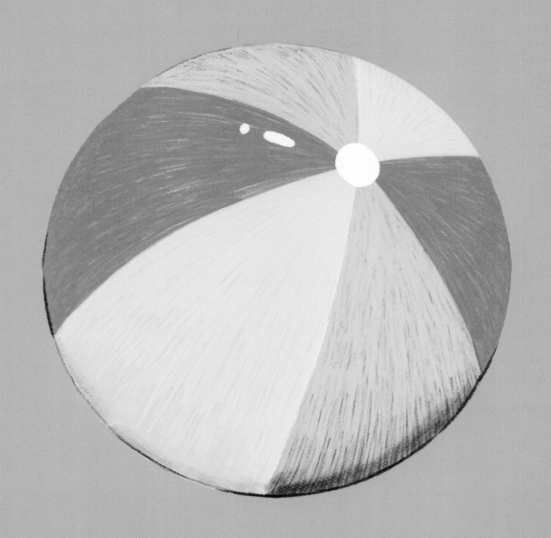

כַּדּוּר
ball

דְּלִי

bucket

מתנה

gift

דובון

teddy bear

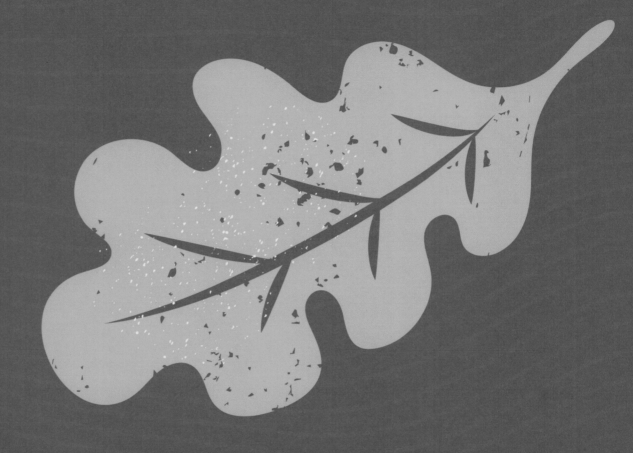

עלה

leaf

פטרייה

mushroom

עִפָּרוֹן

pencil

סֵפֶר
book

שמלה
dress

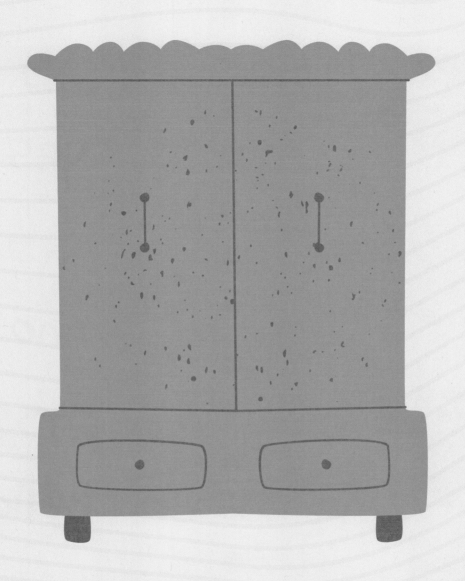

אָרוֹן בְּגָדִים

wardrobe

כן

yes

לא

no

שלום

hello

תודה

thanks

Printed in France by Amazon
Brétigny-sur-Orge, FR

16670611R00025